QUELQUES MOTS

SUR LES

PLANS DU MANS

LE MANS

TYPOGRAPHIE ALBERT DROUIN

23, RUE COURTHARDY, 23

1879

QUELQUES MOTS

SUR LES

PLANS DU MANS

Publiés de 1868 à 1877

Toutes les personnes qui prennent part aux travaux, touchant notre histoire locale, connaissent très-probablement un curieux opuscule de M. Anjubault (1), donnant la nomenclature raisonnée des plans de la ville publiés jusqu'en 1862. C'est après examen de ces divers plans, avec ceux parus depuis, que la pensée nous est venue de consigner par quartiers, au courant de la plume, un résumé de nos observations dont la plupart nous seront d'un utile secours pour la rédaction d'une monographie de la cité proprement dite..

Bien que ces notes partent d'une date voisine de celle à laquelle s'arrête la notice de M. Anjubault, nous n'avons pas la prétention d'avoir fait un travail digne de lui servir de complément. Certes, il faudrait que les recherches du laborieux conservateur, qui pendant près de trente années, sut administrer avec tant de zèle la bibliothèque communale, fussent complétées dans un style plus correct que le nôtre pour présenter quelque valeur; nous verrions même avec satisfaction quelqu'un plus autorisé reprendre une étude si intéressante.

(1) *Revue des plans généraux de la ville du Mans.* — Le Mans, 1862, Monnoyer frères, brochure in-8°, 24 pages.

En outre de l'étude comparative qui suit, nous avions surtout l'intention de signaler un plan sur lequel tout ce qui vient se rattacher à l'archéologie, cette science de l'antiquité par les monuments, devrait trouver place, lorsque nous apprîmes que ce travail était entrepris par un artiste qui a déjà doté notre ville de divers travaux graphiques.

Ce plan, nous reportant à une époque à laquelle majeure partie des nombreux édifices existaient encore (édifices dont les vestiges disparaissent chaque jour), montrerait particulièrement la physionomie de l'antique cité Cénomane, y compris les faubourgs ; le tracé fidèle de ses rues, ruelles et chemins, celui des anciennes enceintes et voies romaines, l'emplacement des communautés avec leur enclos, puis la circonscription des paroisses primitives.

Nous avons été directement heureux de connaître cette résolution, et souhaitons voir d'autres personnes exprimer avec nous le désir que ce dessin soit un jour livré au commerce; il pourrait ainsi profiter à tous ceux qui ne demeurent point étrangers à l'histoire du pays; car, conçu à la même échelle que l'un de nos derniers plans, par exemple, leur comparaison viendrait rappeler bien des souvenirs, et, sans être obligé d'avoir recours à certains ouvrages, le principal mérite de ce tableau rétrospectif serait de fixer immédiatement l'observateur sur l'état ancien de notre ville avec celui où elle se trouve actuellement.

Léon HUBLIN.

Le Mans, 15 Février 1879.

TABLEAU CHRONOLOGIQUE

DES

PLANS IMPRIMÉS DE LA VILLE DU MANS

Revue des plans généraux, par M. ANJUBAULT

QUELQUES MOTS SUR LES PLANS DU MANS

1868. — Paul Chaussée.

En 1868, M Paul Chaussée exécuta en auto-
graphie un plan qui n'est autre que celui de 1859,
mais sur lequel on doit remarquer les améliorations signalées ci-dessous. Cette édition a été
tirée à l'atelier de MM. Loger, Boulay & Cie; le
successeur, M. Leguicheux-Gallienne, a fait lithographier une vue de la vieille ville, collée sur le
cartonnage qui protège cette feuille que l'on rencontre généralement pliée.

Bien que les anciennes enceintes soient res-
tées, le titre ne porte plus cette indication,
c'est le seul changement qu'il y ait en cet endroit;
la flèche de l'orientation ne figure pas, ni celle
indiquant le cours de la Sarthe.

Gué-de-Maulny. — L'emplacement du nouveau marché aux porcs, proche l'abattoir, est
indiqué.

Quartier-de-Cavalerie. — La rue de la Fuie
est prolongée, et le mot impasse a été conservé
avec l'orthographe rappelant le nom d'un sieur
de *la Fuye* (Louis BELIN), qui exerça autrefois les
fonctions d'avocat au Présidial du Mans; aujour-
d'hui, on écrit simplement *Fuie*, comme ces
constructions, destinées à renfermer des troupes
de pigeons, cela pourrait donc faire supposer
aussi qu'il y ait eu un colombier dans le voisinage.

En présence de ces deux manières d'indiquer
le même mot, il y aurait peut-être lieu de recher-
cher l'origine exacte du nom de rue qui vient se
présenter; mais, d'abord les auteurs ne sont pas
tous d'accord sur le lieu de naissance du per-
sonnage cité plus haut, ensuite ce serait sortir
des limites que nous nous sommes imposées;
aussi pour ce motif, ne continuerons-nous pas à
développer ce trait relatif à l'étymologie des
noms de rues et quartiers.

Pré. — La levée comprise entre le pont Ysoir et le pont Napoléon, autrement dit le quai du Pré, qui a fait disparaître les fondements de l'ancienne église paroissiale de St-Jean-de-la-Chèverie et du prieuré de St-Victeur, n'était que pointillée sur le plan de 1859; sur celui-ci, elle est en partie tracée définitivement. La rue Ducré est prolongée jusqu'à ce quai, et la petite rue qui longe le nouvel établissement des frères a été tracée.

Enfin la vieille église abbatiale n'a pas été oubliée dans les travaux que la municipalité a entrepris dans ce quartier, et l'archéologue peut contempler à son aise toutes les lignes extérieures de ce précieux monument historique reconstruit vers la moitié du xie siècle, qui se trouve aujourd'hui entièrement dégagé.

Saint-Gilles. — On a figuré les nouveaux gazomètres dont l'installation était devenue nécessaire. La voie appelée rue aux Loups, qui n'était que tracée, se trouve indiquée ; on voit aussi son prolongement désigné sous le nom de rue des Planches. La rue Neuve-Bourdon est prolongée, et celles dites des Deux-Frères et des Deux-Sœurs, sont seulement tracées.

Greffier. — Les bâtiments de la caserne d'infanterie, que l'on destinait en principe pour un grenier de réserve, sont indiqués dans ce quartier jadis chanté par le remouleur-poëte manceau Isaac MOIRÉ.

Gare. — Le trafic devenant chaque jour plus important, on a supprimé la partie de la rue dite latérale, aujourd'hui boulevard extérieur, partant de celle du Gué-de-Maulny et qui aboutit au boulevard du Greffier, pour y installer de nouveaux bâtiments affectés au service des marchandises. Les Docks ou Magasins-Généraux récemment appropriés à l'usage de la nouvelle manutention militaire, sont aussi figurés.

Couture. — Le tracé des rues Saint-Julien-le-Pauvre et de la Préfecture se trouve un peu modifié en raison du square établi sur la petite place, par suite du dégagement de l'église que tout le monde a dû accueillir avec satisfaction, car la destruction du rideau de maçonnerie qui masquait l'entrée principale de l'ancienne église monastique (classée parmi les monuments historiques), a permis d'admirer facilement les détails de cette belle façade du XIIIe siècle dont les tours seront sans doute un jour complétées par deux flèches.

Espérons que dans un avenir prochain, les autres édifices de notre ville, susceptibles d'offrir un certain intérêt, seront tout-à-fait isolé de ces modernes constructions parasites pouvant empêcher l'observateur de s'arrêter sur l'étude de magnifiques conceptions.

1870. — Desgranges et A. Imbault.

M. Leguicheux fit paraître en 1870 une 2e édition du plan Desgranges et Cie publié en 1862. Sur cette reproduction on peut remarquer les changements qui ont été faits pendant ces huit années ; ils portent particulièrement sur le tracé du Tunnel, de la rue d'Accès à la Gare et des Quais, (ces projets d'embellissement qui ont eu pour résultat d'élargir un peu le système de voirie ont fait organiser une nouvelle administration distinguée sous le nom de « Service spécial des grands travaux). »

De plus une trentaine de voies ne figurant pas sur la première édition, soit que ces voies n'étaient pas encore ouvertes, ou que leur nom n'était pas connu, sont portées sur cette feuille, qui a conservé le même titre, sauf le nom de l'éditeur.

Pontlieue. — Les rues du Chemin-de-Fer, du Champ-de-la-Mare, du Ponceau, du Bourg-Neuf et l'impasse Desforges, qui n'existaient pas, sont indiquées ; puis les rues de la Bataille, de la Bertinière, Traversière et le chemin de Ronde, simplement tracés en 1862, sont désignés ; mais il y a eu interversion de noms pour les chemins de Préau et des Sablons.

Mission. — Le chemin de la Hardière et la ruelle Scarron, seulement tracés, sont aussi désignés. On sait qu'une autre voie dans le quartier du *Greffier*, porte également le nom de l'auteur du *Virgile travesti* et du *Roman comique*.

Quartier-de-Cavalerie. — Celle de la Fuie est prolongée jusqu'à la rue Basse.

Avenue de Paris. — On voit la petite rue de Plaisance et le chemin des Carrières ; la rue des Vignes et l'impasse Maupertuis, qui n'étaient que tracées, sont désignées.

Sainte-Croix. — La même chose existe à l'égard du chemin de Malpalu.

Prémartine. — Remarque analogue pour le chemin de la Rivière. Une rue qui viendrait rompre utilement le trajet du boulevard Négrier, est tracée d'un côté de l'ancienne propriété TRIGER, nom bien connu d'un savant géologue Sarthois enlevé trop tôt à la science.

Maillets. — Le chemin d'Isaac, simplement tracé sur la première édition, est désigné sur celle-ci.

Arènes. — Le jardin d'horticulture s'étend jusqu'au chemin de l'Eventail. La rue Julien-Bodereau est prolongée vers la Croix-de-Pierre, et la continuation de celle dite Dubignon auprès de la rue de Tascher prend le nom de rue des Tabacs, depuis que l'Administration des Contributions indirectes y a installé un entrepôt.

Rue de Ballon. — Dans ce quartier autrefois si mouvementé par les affaissements et boursouflements du terrain, la ruelle Sainte-Barbe, percée depuis longtemps et qui n'était que figurée, sans doute par oubli, est aujourd'hui désignée.

Rue d'Enfer. — La même observation s'applique au chemin de Saint-Pavace.

Gourdaine. — Voici un endroit dont l'aspect a heureusement changé ; nous voulons parler du tracé du quai de la rive gauche de la Sarthe (partie comprise entre le pont Napoléon et la place de l'Hôpiteau) ; voté en 1862 et à l'unanimité par le Conseil municipal. En agissant ainsi, nos édiles ont prouvé à tous qu'ils étaient pénétrés de la nécessité impérieuse de voir enfin détruites, dans l'ancien quartier de la *Tannerie*, toutes ces masures malsaines bordant la Sarthe, où l'air et le soleil pouvaient à peine arriver ; puis comme rectification de la route nationale n° 157 de Blois à Laval, le Tunnel est indiqué avec son petit square établi sur l'extrados de la voûte, élevée entre la Grande-Rue et celle des Chanoines.

Cimetière du Pré. — Les portions des rues de Beaulieu et du Parc, qui n'étaient que tracées, sont aujourd'hui dénommées, de même que le chemin des Cochereaux.

Eglise du Pré. — L'école des frères, ainsi que le jardin autour de l'église, sont indiqués dans ce coin de la ville marquant le lieu de sépulture des premiers chrétiens.

Croix-d'Or. — Entre la route de Laval et la rue Montoise, trois nouvelles voies baptisées plus tard des noms de Cattois, de la Paix et de Rennes ne sont encore que tracées.

Saint-Pavin. — La rue du Tourniquet, tracée sur le plan de 1862 est écrite et l'impasse des Mûriers indiquée.

Saint-Gilles. — On voit le prolongement de la rue Neuve-Bourdon et l'indication de la rue des Planches et de celle dite des Deux-Sœurs. La rue aux Loups, seulement figurée, est désignée.

Promenade du Greffier. — Comme pour cette dernière rue du quartier Saint-Gilles, la même remarque a lieu à l'égard du boulevard de la Sarthe, en outre, une petite rue partant de celle appelée Neuve-Foisy, et qui plus tard a reçu le nom de rue de Sarthe, est tracée.

Bouches-l'Huisne. — La rue du Champ-de-Marine qui n'était que figurée, est désignée.

Gare. — L'établissement des frères dans ce quartier est indiqué.

Enfin, le tracé de la rue d'Accès fait disparaître en partie celle de l'Embarcadère, nom sous lequel on a désigné jusqu'au 3 septembre 1878, la grande artère ouverte dans le but de relier la gare au centre de la ville, pour lui substituer celui d'avenue Thiers. La construction de ce tronçon de rue venant aboutir au carrefour Saint-Julien-le-Pauvre, a conduit à élargir ce dernier point de la ville avec une petite portion des rues des Minimes et de Quatre-Roues, puis à intercepter celles de Richebourg, Bel-Air, Wagram, Marengo, d'Iéna et Gastelier.

Quoique voté par la majorité du Conseil municipal, il en a été pour ce projet comme de tant d'autres, tout le monde n'a pu être entièrement satisfait, car beaucoup sans doute auraient accueilli préférablement à la voie actuelle, mesurant environ 700 mètres, la rue monumentale proposée en 1860 par M. Chalot-Pasquer qui, avec une longueur de 1,473 mètres, arrivait en droite ligne sur la place des Jacobins, mais on doit aussi se rappeler que des raisons majeures ne permettaient pas de mettre ce grand projet à exécution.

Couture. — Le square établi au-devant de l'hôtel de la Préfecture est figuré.

1875.

A la fin de l'année 1874, M. Leguicheux donna encore une édition du plan de 1862, modifié naturellement par suite du tracé de quelques nouvelles voies percées; environ dix, et autant dont les noms ne figuraient pas sur l'édition précédente. La feuille porte simplement en tête : *Plan de la ville du Mans. 1875*, et la flèche indiquant l'orientation ne se voit plus en haut, mais à l'angle droit inférieur.

Il faut dire toutefois que le trait est devenu moins pur et plusieurs noms de rues peu lisibles; de plus, sur ce troisième tirage et le précédent, la forme des noms dont parle M. Anjubault (1) n'a pas subi la rectification réclamée, sauf l'orthographe du premier qui a été restituée; mais cet oubli n'est pas suffisant pour venir altérer le mérite du plan de MM. Desgranges et Imbault.

Lors des élections pour le renouvellement des Conseillers municipaux, l'éditeur fit teinter sur quelques exemplaires, la circonscription de chacune des douze sections électorales par lesquelles la ville se trouvait divisée, suivant le vote du Conseil général en date du 26 octobre 1874.

Mission. — Le titre qui faisait pendant à la légende a disparu pour donner place aux bâtiments du quartier de cavalerie, ainsi qu'aux voies appartenant aux deux premiers quartiers désignés. Les rues de la Prairie et de Villeneuve ne se voyaient pas sur le plan primitif; celles de la Corderie et du Ruisseau, dont on aperce-

(1) Page 22.

vait qu'une amorce, sont tracées dans tout leur parcours.

Hardière. — Le chemin tortueux, portant autrefois le nom de ce quartier, a été élargi pour une rue qui suit en droite ligne l'alignement des nouvelles casernes occupées depuis le 20 janvier 1878 par le 26ᵉ régiment d'artillerie. Les rues de la Poudrière, des Marais et des Carmélites n'existaient pas ainsi que la voie ferrée destinée à l'embarquement du matériel militaire, qui va rejoindre la ligne de Paris. Les nouveaux ateliers de vitraux peints, proche la communauté des Carmélites sont tracés.

Avenue de Paris. — Pour la première fois, on peut voir l'une de nos voies porter le nom de la province dont Le Mans était la capitale ; nous voulons parler de la rue du Maine, située entre les rues Sainte-Hélène et de l'Ormeau. Aujourd'hui ce n'est qu'une impasse, et c'est sans doute pour cette raison que l'administration municipale n'a pas encore ratifié cette appellation. Le prolongement de la rue Lenoir est indiqué définitivement, bien qu'il ne soit encore qu'à l'état de projet.

Sainte-Croix. — L'emplacement actuel des lits militaires entre la route de Paris et le collége de Sainte-Croix, ainsi que les bâtiments annexés depuis peu à ce dernier établissement sont indiqués.

Prémartine. — Les rues des Plantes et Triger sont désignées. Cette dernière qui n'avait pas été reçue n'existe plus ; elle fait partie maintenant de la propriété des Sœurs-Réparatrices établies en notre ville depuis 1871.

La place du nouveau couvent des Capucins, revenus au Mans vers 1871, figure également. On sait que cette congrégation était déjà venue se fixer au commencement du xviiᵉ siècle, sur le terrain occupé aujourd'hui par les Dames de l'Adoration perpétuelle, aux *Maillets*, et qu'une petite rue ouverte dans ledit quartier porte le nom de ces religieux, dont la propriété a été vendue comme bien national en 1792.

Maillets. — La rue des Capucins (oubliée sur l'indicateur des adresses) et l'impasse Clos-Margot étaient tracées, mais leurs noms n'étaient pas portés sur les éditions précédentes.

Saint-Julien. — Constatons la place choisie pour le kiosque que la ville a fait construire eu 1874 pour notre Musique municipale.

Gourdaine. — En attendant que le quai soit poursuivi jusqu'à la place de l'Hôpiteau, non loin de l'hospice doté par saint Aldric, relatons le jardin planté proche les débris de l'*ante-murale* de la cité du Mans, le long de la rive gauche de la Sarthe; mais le dessin du Tunnel est le même que sur le plan de 1870, quoique depuis cette époque le Conseil municipal ait apporté de nouvelles modifications au projet définitif présenté par M. l'ingénieur Caillaux.

Route de Laval. — Pour ce quartier, c'est une amorce de la caserne d'infanterie et le projet de prolongement de la rue Napoléon jusqu'à cette nouvelle caserne qui sont aperçus.

Croix-d'Or. — Le nom des rues Cattois, de la Paix et de Rennes, seulement tracées en 1870, est écrit.

Saint-Pavin. — L'impasse des Mûriers a été élargie et prolongée en prenant le nom de rue Fleury.

Promenade du Greffier. — L'entrée de là traverse de la route départementale nº 1 du Mans à Sablé, appelée autrefois avenue du Pont-Suspendu, est nommée avenue du Pont-de-Fer. On se rappelle que le pont actuel (livré au public le 14 décembre 1872) a remplacé le pont à péage qui existait depuis 1850, lequel a été détruit dans le but d'empêcher les troupes prussiennes de poursuivre les débris de notre armée, en 1871.

Le nom de la rue de Sarthe est aussi écrit, et à partir du pont du chemin de fer, le boulevard de la Sarthe prend le nom de *Sanitas*, qui était celui d'un hospice établi au xvie siècle dans cet endroit.

Quai Lalande. — La rue de Richedoué et non *Richedoigt*, qui, aujourd'hui fait le prolongement de la ruelle Saint-Martin, débouche au quai Lalande. L'impasse du Chapeau-Rouge ne se voyait pas et la ruelle à Gothon simplement tracée est nommée sur ce plan.

Gué-de-Maulny. — La rue Neuve-du-Bourg-Belé est prolongée jusqu'à l'Abattoir, et proche cet édifice, une rue nouvellement tracée porte le nom de rue Loiseau; enfin les deux petites voies perpendiculaires à la rue des Aliénés, qui n'étaient que tracées sur les plans de 1862 et 1870, figurent maintenant sous les noms de rues Saint-Georges et Sainte-Marie.

Bourg-Belé.—La rue Callu, simplement tracée en 1870 est dénommée, et on voit une petite voie récemment ouverte sous le nom de rue d'Alsace.

L'Etoile. — On a figuré le square à l'entrée de la rue des Ursulines, percée après 1799 dans le voisinage du couvent, qui portait le nom de cette rue connue autrefois sous celui de la Boulangerie, puis de Sainte-Ursule.

1875. — Paul Chaussée.

Quelques mois après l'apparition du plan précédent, on en vit un autre avec ce titre, parfaitement justifié du reste : *Plan de la Ville du Mans, dressé d'après le plan-voyer, avec toutes les nouvelles voies de communication et compre-*

nant les principales cotes de niveau, le périmètre de l'Octroi et les nouveaux établissements militaires, publié par Ed. Monnoyer, imprimeur-libraire. Echelle de 0,0002 par mètre $\frac{1}{5,000}$.

C'est le plus grand tableau de notre ville qui ait été fait jusqu'à ce jour, le premier aussi qui s'étende jusqu'aux limites de l'octroi, en fixant même l'emplacement des divers bureaux de cette administration.

De même que sur ses autres plans, l'auteur a continué de représenter, par des hachures, les terrains en constructions; c'est un procédé plus général sans doute que celui employé par les auteurs du plan de 1862, qui montre isolément les maisons, cours et jardins; mais il a l'avantage de demeurer plus longtemps vrai, car tel immeuble debout aujourd'hui peut très-bien ne plus exister le lendemain.

Imprimé sur une feuille grand monde $\frac{0,72}{1,05}$, ce plan a été gravé avec beaucoup de soin chez M. Régner, à Paris; sous le rapport typographique il ne laisse rien à désirer, le trait est d'une pureté irréprochable, le nom des rues est écrit très-lisiblement, le contour des monuments nettement arrêté, les jardins et squares sont dessinés aussi exactement que possible. Une chose cependant ne peut échapper à l'observateur, c'est la disposition choisie qui n'est pas conforme avec un principe adopté en topographie, lequel consiste à présenter toujours la partie septentrionale d'un plan en haut de la feuille, surtout en l'absence de l'indication des points cardinaux.

Indépendamment de tous les lieux-dits, situés dans la partie extra-muros, renseignement que l'on ne rencontre sur aucun des plans publiés depuis 1839, esquissons rapidement les améliorations qui, grâce à son étendue distinguent ce plan de ceux qui l'ont précédé. Au *Nord* de la ville, le grand cimetière est indiqué; vers le

Nord-Est, ce sont les bâtiments du couvent de la Providence occupés par les dames de l'Adoration perpétuelle : on remarque que le nom de la rue de la Croix-de-Pierre, disparu de l'indicateur des adresses depuis 1859, a été effacé et fondu avec celui des Maillets, pour ne former qu'une voie portant cette dernière appellation ; la petite rue des Capucins a pris le nom de rue d'Isaac et celle-ci celui des Fontaines. A l'*Est*, on voit le cimetière de Sainte-Croix et l'enclos des Capucins avec le plan de la nouvelle église conventuelle, édifiée au commencement de l'année 1875 : au *Sud-Est*, presque tout le territoire de l'ancienne commune de Pontlieue où se trouvent tracées plus de 40 voies. Au *Sud*, au-delà de l'Huisne, ses dimensions ont encore permis d'indiquer les buttes de tir ainsi que le petit polygone d'artillerie du champ de manœuvres ; au *Sud-Ouest*, les rues ouvertes entre le boulevard du Sanitas et le cimetière de Saint-Georges ; enfin, en remontant vers l'*Ouest*, celles comprises entre la ligne d'Angers et la route nationale n° 138 ; puis les projets de prolongement de la rue du Tunnel jusqu'à la rue Saint-Aubin et de la rue Napoléon au quartier d'infanterie à Saint-Pavin, occupé à dater du 10 septembre 1877 par le 104e de ligne. Proche le port, l'entrée de la route départementale n°1, porte le nom de rue de l'Abreuvoir.

1877.

Deux années se sont à peine écoulées et les premiers exemplaires de ce beau plan sont à peu près épuisés.

Voici les améliorations figurées sur la 2e édition, datée du mois d'octobre :

Pontlieue. — La ruelle verte de Préau porte le nom de rue de Préau : ces 2 voies, interrompues par la ligne du chemin de fer de Tours, sont donc dénommées maintenant sous une appellation unique ; la rue de Préau proche l'Abattoir, est nommée rue des Sablons.

Hardière. — La rue de la Hardière tracée seulement sur la première édition, est aujourd'hui désignée ; celle de la Poudrière l'est aussi et vient aboutir à la première. Dans le nouveau quartier d'artillerie, la rue militaire dite des Carmélites, qui limitait d'un côté l'enclos de la communauté, dont cette rue a pris le nom pendant quelque temps, est supprimée ; mais on remarque la voie ferrée établie pour l'embarquement du matériel militaire.

Avenue de Paris. — Tout près des Carmélites et jusqu'à la rue de Monthéard se trouve indiquée la nouvelle maison des religieuses du Sacré-Cœur. C'est cette même congrégation qui a occupé de 1821 à 1851 les bâtiments de l'ancienne abbaye du Pré, servant depuis 1854 au Dépôt départemental de mendicité.

Saint-Pavin. — On remarque le prolongement des rues Bourdon, Guillot-Ami et de l'Union et l'emplacement de l'école communale de garçons au lieu dit « le Cogner. »

Canal des Planches. — Les bâtiments de la Manufacture des Tabacs sont figurés dans la prairie qui a donné son nom à ce canal. (Cette prairie appartenait au couvent des Jacobins venus au Mans dans le cours du XIIIe siècle).

Saint-Julien. — Suivant les propositions de MM. les ingénieurs Thoré et Ricourt, à qui fût confiée en dernier lieu la direction des travaux du Tunnel, on voit dessinés les squares plantés aux abords de cette utile voie de communication dont l'inauguration a eu lieu le 30 septembre 1877, un peu avant l'entier achèvement des travaux.

Serait-ce trop exiger, en demandant que sur les tirages ultérieurs du plan de l'habile dessinateur manceau, il soit ajouté certains signes propres à montrer exactement la délimitation des cantons de Justice de paix et celle des arrondisements de police, puis la circonscription de chaque paroisse, qui n'est apparente que sur les exemplaires coloriés; ce sont des renseignements dont on a quelquefois besoin, et sans trop de confusion cela serait facile pour en faire le plan le plus complet que l'on puisse désirer.

1877. — Desgranges et Imbault.

Dans le cours de l'année 1877, M. Leguicheux fit diminuer de moitié le plan Desgranges et Cie, et présenta ainsi un tableau offrant un périmètre à peu près analogue au premier plan que publia M. Paul Chaussée. Bien que daté de 1877, ce petit plan n'est que la photographie réduite de celui de 1875; toutefois, l'idée de présenter ainsi dans un cadre portatif 0 m. 280 sur 0 m. 375, l'image graphique de notre ville est très-bonne assurément, car un tel dessin pourrait accompagner certains ouvrages se rattachant à l'histoire de notre localité. Du reste n'a-t-on pas un précédent de ce genre d'illustration dans les anciens almanachs du Maine publiés avant 1800, auxquels était annexé le plan exécuté par le curé Janvier.

Une chose pourrait être objectée dans cette réduction, c'est que le nom des rues soit devenu quelque peu microscopique.

1877. — A. Fayard.

L'Atlas national édité par A. Fayard, à Paris, renferme un *plan du Mans* qui paraît être une réduction au quart, obtenue d'après celui que

M. Paul Chaussée dressa en 1875. Cette feuille gravée par R. Hausermann et imprimée en chromo chez Cochet et Roulié, a 0 m. 180 sur 0 m. 255. Nous signalerons comme variante non pas une innovation, mais une disposition rationnelle, c'est qu'à l'exemple des plans Delacotte-Dumesnil (1) et Lombard, la feuille a été retournée, ce qui permet de s'orienter plus facilement; puis les principaux édifices sont indiqués par des numéros inscrits sur la légende réservée dans l'emplacement qu'occupe le titre au plan P. Chaussée; enfin, en disant que la limite de l'Octroi ne figure pas, que l'orthographe de trois ou quatre noms de rues n'a pas été fidèlement observée, et que plusieurs ont été estropiés, tels que ceux des rues Auvray de Beaulieu, du Chêne-Vert, de Flore, des Gripponnières, de la Juiverie, Napoléon, de l'Ormeau, Prémartine, de la Verrière et du boulevard du Sanitas, qui figurent successivement sous les noms *d'Auvray*, de *la Baulieu*, du *Chêne-Mort*, de *la Flore*, des *Gripponiers*, de la *Juinerie*, *Nationale*, de *l'Hommeau*, de *Prématicne*, de la *Verrerie* et de *Saintes*, on aura fait connaitre dans tous ses détails ce petit plan de poche qui vient clore l'examen de cette période décennale, pendant laquelle sept nouveaux plans ou éditions ont été publiés.

(1) Page 12, de la *Notice* de M. Anjubault. — Puisque ce nom vient ici, notons en passant que la bibliothèque municipale possède depuis 1873 une copie du plan dressé par M. Delacotte-Dumesnil, et que cette copie datée de 1819 nous paraît avoir servi pour le plan que fit lithographier M. de Châteaufort.

www.ingramcontent.com/pod-product-compliance
Ingram Content Group UK Ltd.
Pitfield, Milton Keynes, MK11 3LW, UK
UKHW022251070726
13613UKWH00005B/2219